ORIGINE DE BORDEAUX

ET

INONDATIONS DE LA GIRONDE

ET

DES DÉPARTEMENS LIMITROPHES,

En Janvier 1843.

SE VEND A BORDEAUX,

CHEZ HONORÉ GAZAY, IMPRIMEUR, RUE GOUVION, 16.

1843

ORIGINE DE BORDEAUX.

C'est en remontant à la naissance d'une ville que l'on peut arriver à prouver le plus ou moins de solidité de ses habitations ; aussi est-ce en traçant brièvement l'agrandissement successif de Bordeaux que nous arriverons à donner la preuve de ce que nous avançons.

En principe, des marais fangeux avoisinaient les bords de la Garonne, quelques cahuttes de pêcheurs indiquaient seulement que l'espèce humaine n'avait pas tout à fait abandonné ce pays sauvage et couvert de forêts sur les hauteurs.

Ce furent les Bituriges-Vivisques qui, fuyant Bourges, leur capitale, pour échapper à César, vainqueur de Vercingentorix, vinrent se réfugier aux apports des marais qui, depuis, ont fait place aux quais qui font la beauté du Bordeaux de nos jours.

Les Baïens, premiers habitans de l'Aquitaine, accueillirent ces transfuges en leur faisant partager leur tranquille existence de pêcheurs en favorisant les premiers établissemens que les Bituriges élevèrent à la hâte pour opposer une barrière au vainqueur qui menaçait de les envahir, ou tout au moins afin d'en obtenir des conditions favorables par leur contenance belliqueuse.

Les premières constructions des Bituriges se ressentirent de leur position d'émigrés et des craintes que le nom de César leur inspirait.

Ces transfuges Bituriges-Vivisques qui n'avaient d'autre science que celle des armes, posèrent, confusément et sans art, à 66 centimètres les uns des autres, de forts arbres abattus dans les forêts voisines; ces arbres (ou pièces de bois brutes), étaient liés entre eux par des traverses de bois brut, et espacées de bas en haut de 66 centimètres en 66 centimètres environ; puis ils garnirent les vides de ces traverses avec de la terre et des fascines. Ces modestes et rustiques demeures, exposées à toutes les injures de l'air, s'appuyaient les unes aux autres pour ne former qu'un corps, et de rempart en quelque sorte, pour résister aux attaques de l'ennemi.

Deux cents ans après la pose des premières fondations d'une ville qui devait devenir une des plus grandioses du royaume de France, ces modestes constructions des Bituriges-Vivisques disparurent sous la main savante des Romains pour faire place à une ville régulière, bâtie avec l'élégance et le bon goût qui caractérisaient les conquêtes des vainqueurs du monde.

Bordeaux était passé sous la loi du vainqueur sans

commotion ni perte de sang, et semblait ne pas avoir cessé d'être libre.

Sa situation topographique, son fleuve majestueux, la suavité et l'excellence de ses vins, tout concourut à donner aux Romains la pensée d'en faire la métropole de l'Aquitaine.

Auguste, étant venu à Narbonne, ordonna que, pour rendre Bordeaux digne de sa destination, l'ancienne ville, amas confus de chaumières, serait rasée et reconstruite sur un plan régulier.

Pour parer aux inconvéniens des inondations fréquentes on commença par exhausser le terrain sur lequel la nouvelle ville devait s'élever; à cet effet, on combla les marais; les ruisseaux furent enfermés et circulèrent dans des canaux ad hoc; puis, traçant un carré de 740 mètres de longueur sur 480 mètres de largeur, Auguste le fit entourer d'un mur de clôture, percé de quatorze portes ayant chacune une place au devant d'elles.

Ces quatorze portes étaient construites de façon, qu'elles avaient en regard respectif la longueur et la largeur de la ville, et que leur perspéctive était face à face; puis, à l'intérieur, il fit tracer des rues droites et se coupant à angles droits. Les maisons d'habitations construites dans chacune de ces rues reçurent un alignement parfait, et bientôt ce moderne Bordeaux posséda des monumens dignes d'admiration; tels furent les bains publics en dehors de la ville, et chez lesquels l'élégance ne le cédait pas à la commodité, et dont l'emplacement s'est métamorphosé, avec le temps, en hospice des Sourds et Muets, qui existe de nos jours.

Puis le fameux Palais-Gallien, qui ne fut pas construit par l'empereur de ce nom, ainsi que le prétendent certains antiquaires, mais bien par Galienne, fille aînée de Tite, mariée à Cenebrun, fils de Vespasien, et que cet empereur institua roi de Bordeaux et d'Aquitaine.

Ce fut aussi cette Galienne qui fit tracer un chemin très-large partant de son palais pour aboutir à la mer, pour avoir le loisir de s'y promener, montée sur un char d'or, accompagnée de Brunisende, courtisanne fort belle et d'un talent remarquable, et qui appartenait au roi Cenebrun, son mari.

Ce palais, l'une des merveilles de l'époque, servit plus tard aux arènes publiques, et de misérables échoppes sont adossées de nos jours aux restes qui ont surgis de ce palais fameux.

La ville possédait encore un temple à Priape, dans lequel les mystères de ce dieu étaient célébrés : ce temple, connu de nos jours sous le nom de Piliers-de-Tutelle, ne fut démoli qu'en 1677.

Le temple de Vernementis, dieu tutélaire de l'Aquitaine, était en dehors de la ville, à l'exposition du midi, au milieu d'un marais, que la porte Saint-Julien a remplacé.

Enfin, le Campus Aureus, ou cimetière des Romains, qui faisait alors l'admiration des étrangers, a fait placé aux rues du Chapeau-Rouge et de l'Intendance.

La porte Navigère, qui servait de fermeture au port de Bordeaux et sous laquelle les bâtimens des Romains entraient à pleine voile, a disparu avec son port, admirable alors, pour faire place aux rues du Parlement, Devise-Sainte-Catherine, Cancera, l'église Saint-Pierre, et le quai qui borde la rivière dans toute la largeur des rues ci-dessus désignées.

Cette ville d'Auguste est bien chétive et mesquine si on la compare à celle de nos jours. Pourtant cette ville, telle qu'elle était alors, avec ses quatorze portes, comme nous l'avons dit, parée de rues d'un alignement régulier, de monumens publics tels que les Romains savaient les ériger, faisait l'admiration des étrangers qui y venaient des quatre parties du monde pour rendre hommage à Auguste, son fondateur.

César Auguste, en jetant les fondations de Bordeaux, avait compris qu'elle devait devenir la mère patrie de Saintes, Agen, Périgueux, et plus tard de Libourne, ville toute romaine, construite dans le même temps, par ordre de cet empereur. Il comprit que cette ville serait l'entrepôt, la corne d'abondance, en quelque sorte, de toutes les villes du midi, et qu'elle était destinée à enrichir les contrées méridionales qui l'avoisinent.

Certes, on ne peut se dissimuler que cette prévision

d'Auguste est ce qui a le plus contribué à l'embellissement et l'agrandissement de Bordeaux, malgré les ravages des Visigots et des Sarrasins qui s'en emparèrent, les dévastations des Normands qui réduisirent la ville presque en cendres.

Malgré les désastres et les révolutions dont cette ville fut le théâtre, elle se releva toujours plus grande et plus belle, soit de la part de ses dominateurs, de ses rois, comte, duc ou gouverneur.

Son port devient pour chacun de ceux qui la possèdent ou la gouvernent un objet de tendre sollicitude; le lit du fleuve se resserre, le vieux port disparaît entièrement pour voir s'élever des édifices à sa place; les inondations fréquentes qui faisaient pousser des cris de désespoir à toute une population active et commerçante disparaissent entièrement pour ne reparaître qu'en 1843.

On le voit, par ce rapide aperçu, Bordeaux fut originairement construit sur des marais fangeux; les sources et les ruisseaux qui faisaient obstacle à son assiette furent ou comblés ou renfermés dans des canaux; les premières maisons, comme celles qui les remplacèrent, furent donc bâties sur pilotis.

L'ancien port des Romains ne disparut entièrement que lorsque le fleuve fut resserré dans son lit; mais les esteys et les ruisseaux qui se mêlaient au fleuve ne purent être ni détournés ni anéantis, il fallut bien que l'homme laissât les choses telles que la nature l'avait ordonné. Ces divers canaux, qui déversent dans le fleuve les eaux des sources qui viennent du haut de Bordeaux, ne sont pas à l'abri des marées montantes; aussi dut-il naturellement arriver que des pluies continues comme celles que nous venons d'avoir, et un vent aussi furieux qui soufla tant que durèrent ces pluies, durent faire grossir et déborder les ruisseaux qui circulent au centre et au dehors de la ville, et que leurs eaux, se contrariant avec la marée montante du fleuve, devaient se rejeter sur elles-mêmes et se frayer passage partout où s'offrait une ouverture telle petite qu'elle fût.

INONDATIONS

DE

LA GIRONDE ET DES DÉPARTEMENS LIMITROPHES.

— On lit dans le *Mémorial* du 16 Janvier :

Les grosses pluies qui n'ont cessé de tomber depuis quinze jours, la violence des vents, une forte crue dans les eaux de la Garonne, viennent d'occasionner dans notre ville d'affreux malheurs : les bas quartiers de Bordeaux avoisinant les quais, plusieurs rues de l'intérieur, telles que celles de Cheverus, Beaubedat, Margaux, et autres environnantes, sont submergés par les eaux ; la circulation est interrompue sur plusieurs points, et la hauteur des eaux est arrivée à plus de 30 centimètres dans le rez-de-chaussée des maisons.

Mais là ne se bornent pas les accidens; que l'on parcoure les quartiers de Belleville et de Mériadeck, ceux compris entre la rue Pont-Long et la rue de l'Eglise Saint-Seurin, et l'on n'apercevra qu'un immense lac; les eaux se sont élevées à plus de 3 mètres dans certains endroits ; toutes les maisons situées à droite et à gauche de la chaussée faisant suite à la rue Judaïque-Saint-Seurin ont été envahies par elles ; les belles serres de M. Gueyraud, le jardinier fleuriste et pépiniériste, sont en partie détruites, et lui-même, ainsi que sa famille, ont eu beaucoup de peine à se soustraire à l'action toujours croissante des eaux.

La désolation est peinte sur tous les visages des personnes qui habitent ce quartier ; de grands malheurs pouvaient arriver, cependant aucun ne nous a encore été signalé. Tous les terrains situés aux environs de la place Mériadeck et de la manufacture des tabacs sont également inondés ; les habitans se sont réfugiés dans les étages supérieurs des maisons, d'autres ont abandonné leurs domiciles. Ce triste spectacle navre le cœur; et si l'on songe surtout que ces quartiers sont habités par la classe ouvrière et industrielle qui n'a d'autres moyens d'existence que ses bras et son travail, combien doit-on gémir sur la présence du terrible fléau qui est venu tout à coup la plonger dans une affreuse misère !

Le temps paraît être toujours mauvais ; des nuages lourds et noirs paraissent au soleil couchant. Dieu veuille que l'inondation ait bientôt un terme et que les eaux s'écoulent rapidement, car un séjour prolongé augmenterait encore les pertes, et pourrait nuire à la solidité des maisons.

Dans cette épouvantable catastrophe, qui, de mémoire d'homme, n'était venue fondre sur notre ville, l'autorité municipale a rivalisé de zèle pour atténuer, autant qu'il était possible, les maux qui pouvaient résulter de cette subite inondation. M. le Maire de Bordeaux, accompagné de M. le Directeur des travaux publics, a visité, dans la journée d'hier, tous les points menacés et envahis par les eaux ; il a fait transporter dans les quartiers submergés des barques pour pouvoir porter des secours en cas de besoin, et sauver quelques débris à la fureur des flots; de nombreuses patrouilles, des ouvriers de la ville, porteurs d'échelles et de cordages, ont dû veiller la nuit dernière ; enfin, rien n'a été négligé pour combattre les funestes résultats de cette inondation.

Tous les environs de Bordeaux, tels que Bruges, Eysines, Blanquefort, Parempuyre, le Bouscat, et les marais de Rivière, sont submergés par suite des ruptures des digues et des débordemens de la rivière.

Voici encore quelques nouveaux détails que nous croyons exacts et qui nous sont communiqués à l'instant :

Le pont de Ladouce, situé au bas de Caillou, sur le chemin de Bègles, s'est enfoncé, et toute la propriété de M. Bigourdan est sous l'eau : on craint beaucoup pour les murs, que l'eau mine.

Dans la ruelle du Péril, près le moulin d'Ars, 15 ou 20 mètres de mur, de M.me Geneste, se sont écroulés.

Dans le même quartier, une partie des murs de la propriété de M. Bosc a été renversée.

Pendant la nuit de samedi, le pont de Talence a été couvert de plus de 1 mètre d'eau. La violence des flots s'est portée sur le mur de gauche, qui a été détruit.

A Gradignan, il y a près de 1 mètre d'eau dans la verrerie, et le passage aux environs est interdit même aux voitures.

Au pont de la Maye, des bâtimens de la belle blanchisserie de toile se sont écroulés en partie, mais heureusement personne n'a été blessé.

Au pont du Guit, l'auberge de M. Moreau a été envahie subitement par les eaux ; il a fallu, hier matin, aller chercher le propriétaire et sa famille à bord d'un bateau.

La malle-poste, partie de Toulouse pour Bordeaux vendredi dernier, et conduite par le courrier Huin, n'est arrivée dans cette dernière ville qu'hier au soir, à cinq heures, c'est-à-dire après un retard de 35 heures. Il a fallu toute l'activité et le courage même du courrier pour l'engager à braver les dangers imminens et nombreux qu'il a rencontrés sur sa route.

La malle-poste a dû séjourner 16 heures 40 minutes à Aiguillon pour attendre que la crue des eaux ait diminué. M. Huin n'a eu, dans cette triste occurrence, qu'à se louer des bons offices du maître de poste d'Aiguillon, qui a mis à la disposition du courrier tout son matériel, ainsi que ses chevaux et ses bœufs.

Dans la partie de la route avoisinant Marmande, les eaux étaient tellement élevées, qu'elles dépassaient de plus de 25 centimètres les vasistats de la voiture. Arrivé à Saint-Macaire, le courrier a été obligé de laisser sa malle et de gagner Langon en bateau. Le trajet de Langon à Preignac a été signalé par de nouveaux accidens; l'eau couvrait toute la campagne; son élévation était telle, qu'elle gagnait le marchepied, où le postillon était placé.

M. Huin se loue extrêmement de l'empressement qu'il a trouvé à seconder ses efforts, dans la personne de M. le comte de Lamyre-Mory, à Preignac, qui lui a offert tous les secours dont il pouvait disposer.

De grands malheurs sont à déplorer; tout le pays, à plus de 5 myriamètres, est couvert par les eaux; les fermes sont détruites, et les habitans sont plongés dans une douleur qu'il est facile de comprendre.

— On lit dans *l'Indicateur* du 17 Janvier :

16 Janvier.

Ce matin, les eaux sont à peu près au même niveau qu'hier ; mais la crue des eaux venant de la Lande a augmenté l'inondation du quartier de Saint-Seurin, des rues de l'Eglise et Ségalier, où l'eau est montée à une hauteur qu'elle n'avait pas encore atteint. Ce qui est encore très-malheureux, c'est qu'elle ne trouvera pas d'issue pour se retirer, et qu'il n'y aura d'autre moyen de s'en débarrasser que celui des pompes.

Les pépinières de cette partie sont dans le même état qu'hier, ainsi que les belles serres de MM. Gueyraud. On circule en bateau dans le jardin de ces Messieurs.

Un bateau et des charrettes portent secours au petit nombre de personnes qui habitent encore les étages supérieurs des maisons inondées.

Les quartiers Belleville et Mériadeck, et tous les terrains des environs de la manufacture des tabacs, sont sous l'eau, comme hier, et à peu près au même point.

Les ateliers de MM. Claverie ont été préservés jusqu'à présent à force de remblais, mais on ne peut circuler dans toutes ces rues qu'en bateau et en charrette pour secourir ceux qui sont forcés d'abandonner leurs habitations. Les lavoirs ont à peu près tous disparu ; les petites échoppes n'ont pu résister, et il est à présumer que, du moment où les eaux se retireront, ainsi que nous l'avons craint déjà, une infinité de maisons, qui sont la seule fortune de tant d'honnêtes artisans, ne seront plus habitables. Que deviendront ces malheureux ? C'est une véritable calamité ! Il faut être témoin d'un pareil tableau pour s'en faire une idée. Mais ce n'est pas là seulement que le fléau destructeur a porté ses ravages : dans nos campagnes, de malheureux habitans ont fait des pertes assez grandes. Espérons que nos concitoyens aisés et le gouvernement s'empresseront de soulager tant d'infortunes.

Il est peu de quartiers dans la ville qui n'aient eu aussi à souffrir de l'inondation, surtout ceux où aboutissent les canaux : par exemple, la rue du Parlement-Sainte-Catherine, de la Devise, la rue Beaubedat, dont les caves sont pleines d'eau et le passage interrompu; à la place du Palais, dans les rues du Quai-Bourgeois et Ausone, les caves regorgent, et le canal qui passe sous la maison de M. Baillard vomit toujours un torrent d'eau.

Tous les magasins et les rez-de-chaussée de ces rues sont inondés, et l'on ne peut parvenir à ces maisons qu'en bateau ou en charrettes.

Vers dix heures, la marée ayant descendu, les eaux se sont un peu retirées, mais elles continuaient de refouler des canaux alimentés de celles qui viennent de la Lande.

M. le Maire, accompagné de plusieurs adjoints, après s'être transporté sur les lieux du sinistre, a donné des ordres pour que des distributions de vivres et d'objets de première necessité fussent immédiatement faites aux familles les plus pauvres, qui se trouvent sans asile.

Monseigneur l'archevêque, accompagné d'un de ses grands vicaires, s'est également empressé d'accourir sur les lieux; il est entré dans plusieurs maisons et a prodigué des consolations et des secours à tous les malheureux.

M. le Préfet a visité les quartiers qui ont été atteints par l'inondation.

Il n'est pas tombé de pluie dans la matinée.

Sur la route de La Teste, le village de Métras est sous l'eau ; la route départementale est interceptée ; à Lamotte, le pont s'est écroulé hier, vers neuf heures du matin.

A Saint-Médard-en-Jalles, les deux ponts qui servaient de communication au moulin de la poudrière ont été emportés.

Le moulin de Gajac est dans le plus grand danger : on l'a évacué ; on craint que le pont de la route royale ne puisse pas résister, car ses abords ont déjà souffert des détériorations considérables.

Le reflux du mascaret a surtout beaucoup contribué à inonder toutes les palus d'Yzon, Saint-Sulpice, Branne, et Moulon.

Sept heures du soir. — A la place Mériadeck, dans les marais de la Chartreuse et près de la manufacture des tabacs, les eaux se sont à peu près maintenues à la même hauteur que ce matin, la marée les ayant refoulées, et elles n'ont pu trouver d'écoulement.

L'établissement de M. Roux, à Saint-Médard, a eu son écurie et ses greniers à fourrages écroulés ; on n'a eu que le temps de sauver les chevaux.

Ce matin, rue du Parlement-Sainte-Catherine, le passage était toujours interrompu et l'on avait été dans la nécessité d'établir un pont léger afin de parvenir au comptoir de MM. Ducos et Gouteyron. Quant aux autres maisons, telles que celles habitées par M. Princeteau et d'autres propriétaires, l'on n'y pouvait parvenir qu'en bateau ou avec des voitures. Mais ce soir ces maisons sont inabordables : la marée haute a refoulé les eaux et la submersion est complète.

Rue Fort-Lesparre, rue de la Devise-Saint-Pierre, aux quatre canaux, le passage est toujours interrompu ; un bateau et des charrettes facilitent les approvisionnemens des habitans qui sont bloqués dans leurs maisons.

La marée de ce matin ayant fait baisser les eaux, la place du Palais, les rues Ausone, du Chai-des-Farines, et du Pont-Saint-Jean, étaient un peu dégagées, mais l'eau sortait toujours avec grande abondance des caves et des magasins de M. Baillard : elle provient du canal du Peugue, qui a eu sa voûte crevée sous cette maison, et de toutes les habitations des rues Pont-Saint-Jean et Chapelle-Saint-Jean sort une masse d'eau que le canal pousse avec une force effrayante.

Mais hier soir la marée ayant tout envahi, il est à craindre que les eaux de la Lande, venant par les canaux, ne soient refoulées vers les lieux inondés dans les quartiers Mériadeck, Belleville, et Saint-Seurin, et alors on doit craindre de plus grands désastres. En ce moment les eaux couvrent nos quais et la moitié de la place du Marché-aux-Vins.

Le pont d'Aveyres, près Libourne, ayant été détruit, le service des dépêches se fait par bateaux sur les deux rives, en attendant qu'un pont en bois puisse permettre le passage des voitures.

Le courrier de Toulouse, qui était parti le 14, n'est arrivé hier dans notre ville qu'à six heures et demie ; il a été retenu à Gironde par le débordement du Drot qui a envahi la route qui se trouvait couverte de 3 mètres d'eau. Il n'a pu repartir de Gironde qu'à neuf heures, par eau ; il s'est embarqué de là à Saint-Macaire pour Langon, et ensuite a pris la traverse jusqu'à Preignac, là il s'est embarqué pour venir à Cérons prendre la malle.

On nous assure que le pont de Pommiers-Labarthe, situé sur la route de Sauveterre à La Réole, a été emporté par la violence des eaux. 80 mètres de route à peu près ont été envahis.

Le courrier de Bayonne est arrivé à trois heures un quart. Le courrier de Paris n'est parti pour la capitale qu'après deux heures, sans emporter les dépêches de Bayonne.

Des lettres écrites de la Leyre, ce matin à dix heures, annoncent qu'il n'y a rien d'extraordinaire, et qu'il n'y est arrivé aucun accident nouveau ; on ne signale que la chute d'un pont qui n'est ni celui fait par l'ingénieur, ni celui de la compagnie du chemin de fer, qui sont dans l'état le plus parfait.

Le service du chemin ne reprendra pas avant que toutes les parties du parcours n'aient été bien visitées.

Neuf heures du soir. — La marée ayant descendu, la masse d'eau qui avait envahi de nouveau les rues que nous avons signalées ce matin, et surtout les rues du Pont-Saint-Jean, du Chai-des-Farines, et place du Palais, etc., s'est entièrement écoulée; mais les eaux venant du canal de la Devèze sortent toujours avec force de la maison Baillard, rue Ausone, de la maison Sudreau et autres, sur la même ligne de la rue Chapelle-Saint-Jean. Si les eaux continuent à trouver là un dégorgement, cela amoindrira, il faut l'espérer, le volume d'eau des marais, de la Chartreuse, et de Saint-Seurin, qui, à l'heure qu'il est, ont beaucoup diminué.

Si la pluie cesse la nuit prochaine, l'écoulement pourra être plus sensible, mais, à la marée de demain matin il y aura une récrudescence.

L'autorité porte partout ses soins : au Marché-Royal, hier soir, M. Lecat, commissaire de police, avait donné des torches aux charretiers qui transportaient les personnes dans leurs maisons.

Dans la rue Beaubedat, dont le passage était interrompu, M. le Maire a envoyé des alimens à plusieurs familles qui en étaient privées.

Nous nous plaisons à rendre un hommage mérité aux sentimens pleins de dévoûment dont Monseigneur l'archevêque et nos premières autorités n'ont cessé de donner des preuves dans cette déplorable circonstance.

Le courrier de Belin est arrivé ce matin, ainsi que celui de Lipostey, qui était en retard depuis trois jours.

La partie basse de Coutras et la plaine de Saint-Denis sont submergées.

Le parapet du pont de Talence a été enlevé.

POST SCRIPTUM. — *Dix heures et demie.* — Les eaux, dans les parties de Belleville et de la place Mériadeck, ont considérablement diminué, ainsi que dans quelques parties de Saint-Seurin.

On croit que la marée de demain, à sept heures du matin, qu'on dit devoir être la plus forte, pourra, momentanément, refouler les eaux dans ces parties et dans les rues qui avoisinent la rivière, la place du Palais, etc.

— On lit dans le *Mémorial* du 17 Janvier :

Le vent de la matinée d'hier a passé dans la partie

nord, et la pluie violente et continue avait cessé; mais le soir les vents ont changé, et le temps est devenu mauvais. Les quartiers submergés avant-hier ont encore été couverts d'eau, en raison de la forte marée; mais déjà des précautions avaient été prises, et la confiance avait remplacé la crainte.

Dans la rue Fort-Lesparre les boutiques n'ont pas été ouvertes et beaucoup d'habitans fuyaient avec leurs meubles. La foule curieuse se portait sur tous les points; aucun malheur, cependant, n'est à déplorer. Aux environs de Bordeaux il n'en a pas été ainsi.

Au pont du Guit, la fabrique de carton a été évacuée par les ouvriers; l'eau y était montée de plus de 10 mètres.

A Quinsac et aux environs, tous les ponts ont été détruits; des éboulemens considérables de terrains avaient eu lieu à La Tresne. Beaucoup d'arbres déracinés et tombés sur les ruisseaux avaient augmenté le désastre.

— Dimanche, à huit heures et demie, la crue des eaux a débordé dans la forge de M. Renoy (Landes). Tout a été entraîné, moulin, fourneaux, et magasin à charbon. La perte est considérable.

A Bègles, les eaux échappées de chez M. Bigourdan se sont fait jour dans la propriété de M. Schaffner, chef d'orchestre du Grand-Théâtre : tout le sol a été retourné. Le passage à Paillon est interrompu.

Le service des fontaines publiques de la ville alimentées par les eaux d'Arlac a été interrompu hier toute la journée.

L'inondation a été si forte du côté du Tondut, que le pont de Gourgues a été rompu, et dans sa chute il a brisé les conduits d'eau.

M. le Directeur des travaux publics est parti sur-le-champ pour faire disposer des tuyaux provisoires afin de rétablir la distribution.

Le pont jeté sur la *Leyre*, route départementale n° 4, de Bordeaux à La Teste, a été enlevé par la force des eaux ; celui construit sur la même rivière par la compagnie du chemin de fer a résisté aux efforts des courans.

Le département de la Gironde se souviendra longtemps du premier mois de l'année 1843.

A M. le Rédacteur du MÉMORIAL BORDELAIS.

« MONSIEUR,

« J'arrive de faire une visite de pasteur à mes malheureux paroissiens qui habitent les quartiers de Belleville. J'ai voulu voir par moi-même l'état de leur position, et j'ai vu malheurs sur malheurs. J'ai remarqué que l'eau était montée dans toutes les échoppes à la hauteur de plusieurs mètres. Meubles, linges, tout est perdu pour plusieurs propriétaires qui n'ont plus aucune ressource. Partout ce sont des cris de détresse à faire fendre les cœurs les moins sensibles. J'ai été entouré de cette nombreuse population qui se désespère, crie, et demande.

« Dans cet état de détresse, j'ai cru, M. le Rédacteur, devoir m'adresser à vous pour obtenir, par la voie de votre estimable journal, une souscription qui me mettra à même de secourir tant et de si grandes infortunes. Vos nombreux abonnés s'empresseront, je n'en doute pas, de seconder votre charité en faveur d'une partie de notre population si malheureuse et si peu digne de l'être.

« Dans une heureuse attente, j'ai l'honneur d'être, Monsieur, votre dévoué serviteur.

« RABANEL, *curé de Saint-Bruno.* »

Nos lecteurs et nos abonnés entendront l'appel que fait à leur charité M. le Curé de Saint-Bruno. Tout le monde a été témoin des désastres produits par l'inondation, et on peut se figurer facilement combien de malheureux se trouvent à cette heure sans aucune ressource.

Ce sont les quartiers les plus pauvres qui ont le plus souffert de cette subite inondation ; il faut donc songer avant tout aux habitans de ces quartiers et ne pas laisser manquer de pain ceux qui sont aujourd'hui sans vêtement et sans asile.

Nous ouvrons à cet effet une souscription dans nos bureaux.

— Les caves de l'Hôtel-de-Ville sont remplies d'eau par suite de l'inondation des terrains de Belleville et le passage de quelques canaux souterrains. L'Hôtel-de-Ville est bâti sur *pilotis*, ce qui doit indiquer déjà que les terrains sur lesquels a été fondé ce bel édifice étaient d'une nature mouvante ; il est donc important que l'autorité municipale prenne des mesures urgentes pour empêcher qu'un long séjour des eaux dans les caves de l'Hôtel-de-Ville ne contribue à la dégradation de ce monument.

— Nous apprenons que M. le Préfet de la Gironde s'est empressé d'écrire au gouvernement pour demander que des secours importans fussent mis à sa disposition, sur les crédits spéciaux, pour soulager les malheureuses victimes de l'inondation.

—Un malheur que la place de Bordeaux doit déplorer est arrivé dimanche au soir (14 janvier), à Richard, petit port qui se trouve après Pauillac. Le capitaine Julian, commandant le trois-mâts l'*Edouard*, armateurs MM. Lopes-Dubec et Comp., allant à San-Yago, mouillé depuis quelques jours sur cette rade, où il attendait un vent favorable, ayant voulu aller à terre avec son canot, monté de quatre hommes, pour faire des vivres frais, fut chassé par le courant au moment où il retournait à bord.

La violence du courant lui fit manquer son navire, et, surpris par un fort grain d'ouest, il fut forcé de laisser arriver vent arrière sur la côte de Saintonge; là, ayant rencontré une forte mer, les vagues ont fait couler l'embarcation avant d'atteindre le rivage.

Le second et deux passagers se trouvaient à bord de cette embarcation, laquelle, alors, était montée par huit hommes; deux seuls ont pu échapper à la mort : ce furent le second capitaine et un passager. Le capitaine Julian et les cinq autres personnes périrent dans les vagues en furie.

On a retrouvé le corps du capitaine Julian et celui du passager. Ce dernier a été inhumé sur les lieux et le capitaine a été déposé dans une grange par le second, qui a informé les armateurs de ce sinistre événement.

Tous ses nombreux amis déplorent une perte aussi cruelle pour sa famille que pour le corps dont il faisait partie : le commerce regrette cet intrépide marin qui déjà avait fait un épouvantable naufrage sur les côtes de la Floride, et qui alors avait fait preuve d'une présence d'esprit et d'un courage qui l'ont sauvé. C'est une grande perte pour la place de Bordeaux.

Du 18 Janvier.

Dans la journée d'hier le vent s'est décidément fixé dans la partie du nord, et l'on devait alors espérer la fin d'un désastre dont nous donnons les douloureux détails.

Hier, les rues de Cheverus, Beaubedat, Fort-Lesparre, Saint-Michel, etc., étaient livrées à la circulation. Les habitans de ces quartiers n'étaient plus occupés que du soin d'établir des pompes pour se débarrasser de l'eau qui encombrait encore les caves de toutes les maisons. Ce travail occupait un grand nombre d'ouvriers sur tous les points de la ville.

Dans les faubourgs, la crue des eaux avait déjà perdu 1 mètre environ de sa hauteur; chaque famille, chassée de sa demeure par cette inondation subite, se hâtait d'y rentrer pour réunir ce que les eaux avaient entraîné et détruit.

Dans les marais de Belleville, le désastre était affligeant. Deux ou trois cents maisons offraient le spectacle de la désolation; l'eau couvrait tout, et vers quatre heures du soir on commençait à apercevoir les toits des lavoirs, si nombreux dans ce quartier.

Des agens étaient placés dans chaque rue pour veiller à la sûreté des domiciles, et la foule était nombreuse pour contempler un sinistre dont elle n'avait jamais eu l'idée, et qui, il faut l'espérer, ne se renouvellera plus.

Monseigneur l'archevêque de Bordeaux a parcouru toutes ces rues désolées, et il ne fallait rien moins que sa présence évangélique pour donner de la force aux faibles.

Il est un fait consolant à enregistrer, c'est que pendant ces quatre jours d'un grand désastre, personne n'a perdu la vie, et nous devons, à cette occasion, citer un dévoûment remarquable.

Un vieillard gisant sur son lit, malade et sans force, avait été surpris, dans une baraque des marais, par la crue des eaux. On offrit 10 fr. à un charretier pour aller le chercher. Il s'y refusa. Un cocher de fiacre accepta; mais l'eau souleva sa voiture. C'est alors qu'un ouvrier charpentier, se dépouillant de ses vêtemens, se rendit à la nage vers la demeure du moribond, et le ramena sain et sauf au lieu où l'attendait sa famille. Une femme fut également, et de la même manière, sauvée par ce jeune homme.

Par des lettres dignes de foi, nous apprenons que les deux rivières de Libourne ont débordé sur les routes de Coutras, de Guîtres, et de Saint-André. La route royale de Bordeaux est, elle-même, couverte d'eau depuis Arveyres jusques à Libourne. Là, un paysan qui s'obstina à aller chercher sa vache, s'est noyé. Le bruit avait couru qu'un roulier passant sur un pont qui s'était écroulé, avait péri avec six chevaux; le malheur a été moins grand, un seul des animaux n'a pu être sauvé.

L'avenue de Libourne a été couverte de plus de 3 mètres d'eau. Le pont de Vayres a été emporté; et, sur deux points de la traversée de La Tresne, la route n° 10 est impraticable. Suivant ces mêmes nouvelles, le pont de Langoiran a été détruit; celui de Guîtres n'existe plus. Enfin, à Cadillac, l'eau s'est emparée du premier étage des maisons. Ces désastres ont dû s'étendre dans tout le département.

Dans le canton de Belin, les ravages sont épouvantables; nous avons sous les yeux une lettre de M. le Juge de paix de cette commune. On sait que la Leyre est montée à une hauteur inconnue jusqu'ici, que toutes les communications entre les deux rives sont impossibles, que tous les moulins ont affreusement souffert, et qu'enfin plusieurs maisons se sont écroulées, mais que fort heureusement personne n'a péri!

Les dommages causés au chemin de fer ont été réparés avec cette activité qui distingue toute entreprise particulière. A compter d'aujourd'hui, le service est établi entre La Teste et Bordeaux. La voie de terre est encore impraticable, et aucun bouvier n'a pu venir par suite de la rupture des ponts.

La pêche dans le bassin d'Arcachon a été impossible; aussi le poisson manque complètement à Bordeaux.

M. le Préfet avait jugé prudent de suspendre le service des bateaux à vapeur. Il est à espérer que la fin des hautes marées et des pluies va rendre à notre navigation toute sa précédente activité.

Ce magistrat n'est point resté étranger à nos désastres, et nous avons déjà dit qu'il avait appelé le gouvernement à venir au secours des victimes d'un fléau aussi cruel qu'inattendu.

— Il est des misérables qui profitent de tout. Croirait-on que, l'avant-dernière nuit, deux malfaiteurs, montés sur des échasses, ont été fouiller plusieurs des maisons inondées des marais de Belleville? là, deux vols ont été commis.

— Hier, à deux heures, Monseigneur l'archevêque

de Bordeaux, accompagné de M. de Soissons, curé de Saint-Seurin, et de M. Rabanel, curé de Saint-Bruno, a visité les malheureux inondés de Belleville. Partout Sa Grandeur a apporté des consolations et des secours.

Une foule nombreuse, qui le bénissait, suivait Monseigneur l'archevêque, qui a voulu tout voir et tout connaître.

— Deux personnes sont parties hier de Bordeaux, chargées par la famille d'aller chercher le cadavre du malheureux Julian, déposé, comme nous l'avons dit, dans la grange d'un petit village non loin de Mortagne.

On lit dans *l'Indicateur* du 18 Janvier :

17 Janvier.

A midi. — Les eaux ont entièrement disparu du bas des rues Ségalier, Saint-Seurin, et Durand; mais les caves et les jardins sont encore submergés, ainsi que toute la propriété de M. Martial Gueyraud. Les eaux ont baissé, vers huit heures du matin, d'environ 2 mètres; mais dans les parties de jardin qui se trouvent derrière la propriété de MM. Gueyraud, du côté droit de la rue Ségalier, les eaux sont à peu près à la même hauteur : il faudra employer des coupures, si l'on veut qu'elles se dégorgent dans le canal du bas de cette dernière rue.

Les jardins et les pépinières de M. Ramey ne présentent encore qu'une vaste nappe d'eau.

Des maisons de la rue du Petit-Pont-Long ont considérablement souffert : il faudra peut-être même les ressaper, comme celles de la rue Ségalier.

Il est indubitable que si le canal de la Devèze, qui

reçoit les eaux de la Lande, avait été sans entraves, l'inondation de Saint-Seurin n'aurait pas été aussi désastreuse, et dans ce moment nous n'aurions pas une seule barrique d'eau dans les propriétés de cette partie de la ville; car le canal suffisait pour l'évacuation des fortes eaux de la Lande; mais il n'est plus douteux pour personne que le canal de la Devèze n'ait été obstrué à son embouchure, ce qui a fait refouler les eaux à Saint-Pierre, aux quatre canaux de la rue Fort-Lesparre, et à ceux des rues du Parlement, de Cheverus, Beaubedat, où elles remontaient par l'embouchure des égouts qui y sont placés.

Qu'on nous dise si l'on a eu soin, avant le mauvais temps, de faire visiter les canaux. A Paris, chaque semaine, des hommes descendent dans les canaux, et pourvoient à leur entretien. Nous n'accusons personne, mais nous rapportons tout ce qu'on dit, et malheureusement ces suppositions n'approchent que trop de la réalité; car si les quartiers de Saint-Seurin, Belleville, et Mériadeck, se trouvent débarrassés, ils ne le doivent qu'au canal du Peugue, qui est plus libre et reçoit une si forte quantité d'eau qu'elle dépasse sa contenance, ce qui a produit un refoulement tel que nous l'avons vu et le voyons encore presque à son embouchure, et l'a fait rejaillir dans toutes les caves du Pont-Saint-Jean, dessous lesquelles se trouvent des conduits par les jointures desquels les eaux ont été rejetées, sans cependant les crever, comme nous l'avions craint primitivement.

Ces observations méritent toute la sollicitude de notre administration, afin que de pareils malheurs n'aient plus lieu, ou tout au moins ne soient pas aussi désastreux.

Nous apprenons que le débordement de la Devèze a fortement endommagé les fondations d'une maison de la rue Rouleau, 39. M. le Commissaire de police du quartier a adressé un rapport à l'autorité pour lui faire connaître l'état dans lequel se trouve cette maison qui menace ruine.

A Caudéran, on signale aussi les ravages causés par les eaux : le petit ruisseau *la Berle,* qui passe sous le pont Streckeisen et se dirige sur le lavoir Durand, dans les terrains de M. Gueyraud, jardinier, était débordé; 30 mètres du mur de Mme Jardel-Laroque ont été minés et entraînés; la fabrique de carton de M. Sabathier, dépendance de la famille J.-J. Boyer, était au milieu des eaux et menaçait de crouler, ainsi que la maison du cartonnier. Les cour, écurie et remise des omnibus, situées près de là, étaient inondées.

Le pont de Streckeisen a croulé : une faible partie seulement reste debout.

Beaucoup de maisons, dans la lande de Pezeu, étaient remplies d'eau, et les habitans ont été forcés de déménager au plus vite.

Nous avons reçu des avis de la commune de La Brède, qui nous font connaître que le pont en pierre construit dans cette commune a été emporté par l'impétuosité du courant. Le pont en bois, qui est placé près du moulin, a été également emporté.

Une grande partie de la commune de Saint-Selves, qui est contiguë à celle de La Brède, a été inondée par suite du débordement du *Gat-Mort.*

Toutes les palus de Floirac, Bouillac, La Tresne, Camblanes, et Quinsac, sont envahies par les eaux : le 15 au soir on a été obligé d'aller avec des bateaux chercher les malheureux cultivateurs qui n'avaient pu se sauver assez tôt. C'est à peine si l'on aperçoit le bout des échalas, des vignes, des palus. Au pied du château de La Tresne, la grande route est couverte par les eaux, ainsi que le chemin du Port-Neuf à Créon. Des ébranlemens considérables ont eu lieu sur le parcours de la route de Bordeaux à Saint-Macaire, au bas de la propriété de M. Blanchy : une pièce de terre et une maison sont tombées sur la grande route; dans ces communes, des costières entières se sont ébranlées dans les chemins et ont été transportées de 50 à 60 pas. Un puits a éprouvé un affaissement de 2 mètres sans être démoli.

Les dégâts sont considérables, surtout dans les bas-fonds.

Nous avons appris un bien funeste événement, qui est arrivé hier matin à Bourg. Le domestique de M. Métayer, propriétaire de cette commune, s'est noyé en traversant un pont.

Plusieurs maisons se sont écroulées dans les environs de Mérignac.

Des avis confirment que le pont de la route départementale sur la Leyre a été emporté.

Le petit pont qui est sur le contre-canal des Landes à la Hune, même route départementale, s'est écroulé.

Les habitans de Mestras, Gujan, et Meyraud, ont fait quelques coupures au chemin de fer, pour laisser écouler les eaux : on pense qu'elles pourront être promptement réparées.

A la Leyre, une palée du pont du chemin de fer a cédé sous les coups de bois emportés par les eaux. Le tablier est demeuré soutenu par les autres palées, que retienent entre elles les charpentes supérieures.

Le chemin de fer a été deux fois parcouru jusqu'à

la Leyre, par une locomotive, dans la journée du 16; le 17 au matin, un convoi est également parti pour cette destination, emportant des ouvriers et des apparaux pour faire les réparations aussi promptement que possible.

Le service de Bordeaux à Facture sera rétabli demain, 18, selon l'avis qui sera donné dans les journaux. Il est probable qu'il va en être aussi ordonné un de La Teste à la Leyre.

On citait à La Teste, trois sinistres :

Un navire portugais, au lest, allant de Nantes à Lisbonne, ayant onze hommes d'équipage, s'est perdu au Ferret : un seul homme s'est sauvé.

Le navire l'*Adèle*, de Bordeaux, s'est perdu à Lège, en face d'Arès : on dit que tout a péri.

Le *Pacific*, capitaine Latour, allant de Bordeaux à Saint-Thomas, s'est perdu au même endroit : l'équipage s'est sauvé.

Les calamités ne sont jamais isolées : le feu se joint aux inondations pour compléter les malheurs et les sinistres.

Le feu vient de détruire en deux heures la belle féculerie d'Arcachon, à La Teste, appartenant à MM. Gaulon fils, Bégère et Comp.

Cette usine, la plus importante de ce genre qu'il y ait en France, est complètement détruite. Les ouvriers avaient quitté l'ouvrage à onze heures de la nuit, et le feu s'est déclaré à une heure du matin avec une telle violence, que trois ouvriers ont manqué périr suffoqués, avant d'avoir pu rejoindre les escaliers.

Toutes les marchandises ont été consumées. Tout était assuré par la Compagnie du Soleil.

Six heures du soir. — A trois heures de l'après-midi, toutes les rues de la ville étaient entièrement libres, à l'exception de celle du Fort-Lesparre, aux quatre canaux, où l'eau ne pouvait circuler, et dans laquelle l'on ne pouvait arriver qu'à l'aide d'un bateau. Il y avait également un bateau dans l'espace communiquant de la rue Devise-Sainte-Catherine à celle Devise-Saint-Pierre.

Dans cette partie, l'aqueduc est obstrué. La place du Palais et toutes les rues adjacentes sont dégagées, et la trappe placée auprès du domicile de M. Baillard, rue Ausone, ne vomissait plus d'eau, et on voyait le courant se diriger vers la rivière; mais M. Baillard craignait, avec raison, que ce soir, à la haute marée, l'issue de ce canal par son magasin ne donnât encore beaucoup d'eau ; en effet, ce soir, l'eau s'échappe de nouveau par cette trappe, et le passage à la porte du Palais est à peu près comme hier soir.

Dans la rue Chapelle-Saint-Jean, toutes les caves qui avoisinent le canal et même celles qui en sont assez éloignées, étaient pleines jusqu'au niveau de la rue; ce qui prouve, sans aucun doute, que le conduit est en mauvais état, à cause d'énormes crevasses qui ont fait jaillir l'eau dans toutes les maisons du quartier.

Le mauvais état de ce canal a été signalé, il y a deux jours, à M. le Maire, par les habitans, lorsque cet honorable magistrat s'est transporté sur les lieux.

En quittant ces lieux, nous avons visité le quartier Saint-Seurin : les eaux ont considérablement diminué; mais, ce soir, caves, rez-de-chaussée, jardins, tout était encore occupé par une vaste nappe d'eau.

Les habitans de la partie droite de la rue Ségalier, où l'eau a pénétré, demandent depuis hier que l'autorité fasse pratiquer une saignée au bas de cette rue, en contre-bas d'un emplacement, afin de faciliter l'écoulement des eaux de cette partie dans le canal de Caudéran. Ils n'ont encore rien obtenu.

L'administration devrait, sur ce point comme sur tant d'autres, faire pomper les eaux des caves chez les citoyens qui n'ont pas les moyens de le faire, et de cette manière faciliter à ces malheureux habitans la rentrée dans leur modeste demeure.

Nous avons parcouru les parties de Belleville et du quartier de Mériadeck que les eaux ont quittés. Les parties basses sont toujours sous les eaux. La tannerie Villalard est encore inabordable.

Le cours Cicé et les rues adjacentes sont libres. MM. Claverie ont, comme nous l'avons dit, à force de travail et de soins dans la construction de bâtardeaux, préservé leurs vastes ateliers.

L'immense fabrique de MM. Laroque frères a beaucoup souffert; mais ces honorables industriels espèrent bientôt reprendre leur travail, afin d'occuper une grande quantité d'ouvriers qui n'ont pas d'autres moyens d'existence.

L'établissement d'un teinturier est encore sous l'eau, ainsi que tous ses ustensiles.

Plus loin, l'habitation et les ateliers du sieur Renaud, qui fut privé, dans quelques instans, de sa petite fortune par un incendie, éprouve actuellement une perte semblable à celle qui le ruina il y a vingt ans.

Il faut parcourir les lieux où ce fléau destructeur a laissé après lui les traces de son passage. Là, c'est une modeste habitation qui croule; ici, des lavoirs où tant de malheureuses venaient chaque jour trouver, par leur travail, de quoi soutenir leurs familles; enfin, une infinité de braves et bons ouvriers qui, à force de peine et par leurs économies, étaient parvenus à posséder une petite habitation, se sont vus à la fois envahis de toutes parts, et peu ont pu sauver quelques meubles.

Il faut parcourir ces lieux à pied, et l'on se fera une idée de ce triste tableau, bien fait pour émouvoir tout homme qui porte un cœur sensible.

Notre respectable archevêque, accompagné de M. le Curé de Saint-Bruno, est encore allé visiter les malheureuses victimes de l'inondation, a porté des paroles de consolation à ces familles désolées et leur a distribué des secours. Cette visite a adouci les peines de ces infortunés. Monseigneur a visité aussi les personnes qui ont été victimes dans les paroisses Saint-Seurin et Saint-Bruno, accompagné du respectable curé de Saint-Seurin et de M. le Curé de Saint-Bruno. Là aussi Monseigneur a laissé des marques de sa bienfaisance. Il est entré partout, à tout vu, et en exortant le pauvre comme le riche : de malheureuses mères ont reçu l'assurance qu'on ne les oublierait pas, qu'il s'intéressait à leur triste situation. Il a quitté ces lieux en emportant la bénédiction de tous ces braves gens.

— On lit dans *l'Indicateur* du 19 Janvier :

18 Janvier 1843.

Les eaux ont presque partout laissé le sol à découvert, et on peut apprécier, non pas d'une manière précise, mais approximativement, les désastres causés par l'inondation. On ne pourra connaître l'étendue des malheurs que nous déplorons, que lorsque les pertes auront été constatées par chaque famille.

Le temps étant revenu au beau, a permis aux malheureux inondés de sortir une grande partie des eaux de leurs habitations; mais leurs caves sont encore remplies. La tannerie de M. Villalard a été abordable dès ce matin; mais ce fabricant fait une perte immense. Il en est de même de tous les établissemens et fabriques qui se trouvent dans ce quartier de la ville; de nombreuses familles sont sans moyens, et il serait urgent de leur porter de prompts secours, en attendant qu'il soit possible de leur distribuer une indemnité.

Dans le quartier Saint-Seurin et dans la rue Durand, les eaux ont considérablement diminué, le jardin, les serres, l'orangerie, et la maison de M. Martial Gueyraud, sont dégagés, mais les caves sont encore pleines d'eau; les pépinières de M. Ramey, son jardin et ceux de ses voisins sont également inondés: bien qu'à l'aide d'une forte tranchée faite au bas de la rue Ségalier, on ait facilité l'écoulement, ce qui fait espérer que d'ici à demain soir cette partie sera entièrement mise à découvert.

On a fait des coupures dans les environs de Belleville pour faciliter l'écoulement des eaux; cette opération a parfaitement bien réussi.

Quant aux eaux de la rue Ausone, elles ne jaillissent plus de la maison de M. Baillard; un volume d'eau se trouve seulement refoulé par la marée montante sous la porte du Palais et à la porte de l'église Saint-Pierre, ce qui prouve qu'il doit y avoir encombrement dans cette partie du canal de la Devèze.

Les eaux qui viennent du haut pays ont tellement augmenté la force des courans qu'elles ont passé par dessus la digue en amont du pont et ont inondé toutes les palus de Bouillac. On est allé au secours des malheureux habitans de cette localité ; mais nous n'avons pas de détails pour aujourd'hui sur ce nouveau sinistre qui est une suite de l'effroyable tempête qui a causé avant-hier tant de ravages dans les communes de La Tresne, Camblanes, etc.

— Un convoi du chemin de fer est parti ce matin, à dix heures, de Bordeaux, pour Facture et le bord de la rivière de Leyre. Une locomotive a parcouru le trajet de La Teste à la rive gauche de la même rivière.

Le pont, dans cette inondation inouïe, incessamment fatigué par les chocs répétés que lui ont fait éprouver les débris de ceux de Mios et de Salles, les bois et les arbres qu'entraînait la rivière, a besoin de quelques réparations, et ne peut pas permettre le passage des convois. Les piétons seuls l'ont traversé.

Des mesures sont prises pour que le service habituel soit rétabli aussitôt que la prudence la plus rigoureuse le permettra. Jusque-là, celui de Bordeaux à la Leyre (rive droite) pourra communiquer par quelque moyen sûr avec celui de la rive gauche à La Teste, le pays ne pouvant pas être privé, même momentanément, des bienfaits de cette importante voie de communication.

Le pont de Tartas est emporté et l'on craignait pour celui de Dax, qui est en bois.

Deux arches du pont de Mucidan ont été emportées.

Dans les environs de Ribérac, une maison neuve s'est écroulée.

Les deux abords en pierre d'un pont sur la Dronne ont été entraînés.

— Hier matin, la marée a été beaucoup plus forte que la veille ; les quais étaient inondés, et en Paludate le passage était interrompu ; il était impossible de pénétrèr dans les bureaux des douanes et de l'octroi.

Cette fois on avait jugé inutile de recouvrir de pavés le dessus des débarcadères de l'entrepôt et de la douane. Des ouvertures ont été faites, aux planchers, lesquelles ouvertures, donnant une facile issue aux flots, devaient rendre nulle la résistance, et par conséquent empêcher le sinistre que l'on pouvait redouter.

Bordeaux, le 18 Janvier 1843.

A M. le Rédacteur de L'INDICATEUR.

MONSIEUR,

J'ai l'honneur de vous informer que je m'occupe de former une commission spéciale pour recueillir et distribuer les secours auxquels auront droit les malheureux que l'inondation dernière réduit à l'indigence. Cette commission se réunira au premier jour, dans mon cabinet, et j'ai la confiance que les personnes qui en font partie, prises dans chacun des quartiers où le mal a été plus grand, répartiront avec tout le discernement possible les offrandes obtenues, afin que les secours arrivent à leur destination, c'est-à-dire aux véritables indigens dont les pertes ne peuvent être réparées que par un appel à la charité publique.

Par ces motifs, je crois devoir vous engager, M. le Rédacteur, à réserver toutes les sommes portées dans vos bureaux pour les verser dans la caisse centrale de la commission. Vous comprendrez, sans autres explications, tout l'avantage de la mesure adoptée dans l'intérêt même des infortunés auxquels les secours seront nécessaires.

Agréez, M. le Rédacteur, l'assurance de ma considération très-distinguée.

Le maire de Bordeaux,

L.-M. Duffour-Dubergier.

— Libourne, 15 *Janvier*. — La pluie qui tombe abondamment depuis quelques jours ne pouvait manquer de provoquer une inondation effrayante : les eaux sont parvenues à une hauteur extraordinaire. Les voitures qui font le trajet de Libourne à Bordeaux n'ont pu faire, hier, leur service : le chemin se trouve couvert dans une grande partie de son étendue. Toute la plaine ressemble à une mer immense dont on aperçoit avec peine les bords.

A chaque instant de frêles embarcations glissent sur la surface de ce nouveau fleuve, elles vont porter secours aux malheureux que l'inondation menace. Il y a, dit-on, des habitans qui ont été forcés de monter dans leurs greniers pour se soustraire aux dangers de l'invasion. La plupart des chais qui longent la rivière sont eux-mêmes submergés, et nous croyons être à l'abri de toute accusation d'exagération, en disant qu'il y a longtemps que nous n'avions été témoins d'un semblable débordement.

Il est impossible de prévoir la portée des ravages et de mesurer l'étendue des dégâts, bornons-nous à constater, quant à présent, qu'aucun événement grave ne mérite d'être signalé.

Branne, le 17 Janvier 1843.

A M. le Rédacteur de l'Indicateur.

Monsieur,

Je viens vous prier de vouloir bien avoir la bonté d'insérer dans vos colonnes le fait suivant :

« Aujourd'hui, le brigadier de gendarmerie de ma commune, aidé de l'un de ses gendarmes, nommé Fouquet, et des frères Thibaut, de Moulon, dont l'un est syndic des gens de mer de ce quartier, ont sauvé, avec la petite embarcation de ces derniers, trois hommes et douze têtes de bétail, qui tous étaient dans une grange de la palu de Saint-Sulpice-de-Faleyrens, sur Dordogne, inondée (il y avait 2 mètres 50 centimètres d'eau), et privés de tout secours ; ils étaient tous dans ce triste état depuis hier, à onze heures du soir.

« L'inondation dont nous sommes victimes égale celle de 1783.

« J'ai l'honneur d'être, etc.

Teynac neveu, *maire de Branne.*

P. S. Le brigadier et ses gendarmes ont passé la journée d'hier à secourir les victimes de l'inondation dans la palu de Saint-Sulpice-de-Faleyrens.

— On lit dans *l'Indicateur* du 20 Janvier :

19 Janvier.

Le beau temps continue ; un soleil pur vient sécher le reste du modeste mobilier des malheureux inondés; partout chacun cherche à découvrir quelques débris que le terrible fléau a dispersés, et chaque victime de l'inondation s'occupe de chasser l'eau et la vase qui sont encore dans sa demeure ; mais ce qui est affligeant, c'est la malheureuse position où se trouvent maintenant de pauvres familles dont quelques-unes avaient pour toute fortune une petite échoppe en pierre ou en bois, pour abriter leur famille, et qui sont maintenant sans asile. Il faut bien vite venir au secours de ces infortunés : il en existe dans les lieux inondés de Belleville, de Mériadeck, dont la situation ne sera pas difficile à constater.

Dans la partie Saint-Seurin, les jardins situés au bas de la rue de l'Eglise et de la rue Ségalier sont encore pleins d'eau, bien qu'une tranchée opérée par les particuliers en ait fait évacuer une quantité considérable. Il serait à désirer qu'on pratiquât sur ce point un petit acqueduc qui, au temps des fortes pluies, chaque année, éviterait de graves inconvéniens.

Les caves de tout ce quartier, comme celles de la villes, sont toujours en partie inondées.

Le jardin et les serres de M. Gueyraud sont entièrement dégagés, mais sa perte est immense.

Nous avons dit qu'il y avait des personnes dont la position était voisine de la plus affreuse misère, ayant été surprises par la crue des eaux. Une pauvre femme, sur le prolongement de la rue Judaïque-Saint-Seurin, nº 110, se trouve aujourd'hui sans ressource.

Les eaux ont complètement abandonné les rues où, depuis quatre jours, elles s'étaient répandues; les caves seules de bien des quartiers sont encore en proie à leur fâcheuse influence. Les pertes à Bordeaux peuvent aujourd'hui être constatées, et c'est à regret que nous disons qu'elles sont affreuses pour bien des personnes. C'était pitié que de voir hier, exposés au soleil, les objets mobiliers et de corps que la crue des eaux avaient emportés; il est surtout affligeant de penser combien l'humidité va rendre malsaines pour longtemps les maisons dont les eaux se sont emparées. Espérons que des précautions d'hygiène seront prises pour la santé des familles qui les habitent.

Ce dernier événement servira d'ailleurs de haute leçon pour l'avenir; il fera comprendre à l'autorité locale combien les questions de nivellement sont importantes, et combien surtout il serait d'une bonne police municipale d'empêcher toute construction en contre-bas de l'étiage des grosses eaux.

A Belleville, à Saint-Seurin, une épouvantable imprévoyance a présidé à presque toutes les constructions modernes. Les moindres averses, et elles sont fréquentes chez nous, inondent les cours et les caves. La santé publique s'en ressent, et c'est à quoi il serait urgent de remédier dans l'avenir.

— Nous recevons du Haut-Pays des nouvelles bien affligeantes :

A Langon, la Garonne baigne le haut des arches du pont qui sont à une hauteur de près de 14 mètres au-dessus du niveau ordinaire.

A Baril, tout est couvert par les eaux et on n'aperçoit plus que l'extrémité du clocher de l'église. Les malheureux habitans n'ont eu que le temps de se sauver sur les hauteurs avoisinantes, abandonnant tout ce qu'ils possédaient. Toute la rive droite, vis-à-vis La Réole, est submergée, l'eau dépasse les arbres les plus élevés, en sorte qu'on ne voit plus qu'une immense surface agitée de temps en temps par de violentes raffales et ondoyant comme les vagues de la mer.

Il est impossible d'apprécier encore les immenses désastres de ce terrible fléau. Dieu veuille que personne n'ait péri.

Les débordemens de 1835 ne peuvent être comparés à ceux de cette fatale année.

Il faut remonter à ceux de 1783, qui ont laissé de si sanglans souvenirs. Serait-il donc vrai de dire : *Numero Deus impare Gaudet.*

— On écrit de Lacanau, du 15 janvier, à M. Pailhac :

« Nous sommes au milieu des eaux qui nous entourent de toute part, et nous ne pouvons même pas communiquer à l'aide de chevaux ; un de nos villages est couvert d'eau, les habitans ont eu le temps de l'abandonner. »

Bordeaux, le 18 janvier 1843.

A M. le Rédacteur de L'INDICATEUR.

MONSIEUR,

Il y aurait vraiment ingratitude de la part des habitans de la rue du Fort-Lesparre s'ils ne donnaient à M. Lecat, commissaire de police de leur quartier, un témoignage de leur vive reconnaissance pour les soins intelligens et empressés qu'il n'a cessé de leur prodiguer dans la pénible situation où les avaient placés le débordement des eaux. Nous venons donc, M. le Rédacteur, en notre particulier et au nom de tous nos voisins, vous prier de vouloir bien transmettre par la voie de votre estimable journal nos remercîmens à M. Lecat, dont le zèle dans cette douloureuse circonstance, ne saurait être trop hautement proclamé.

Agréez, M. le Rédacteur, l'hommage de nos sentimens distingués.

Hermine VIALIA, Louis BANS, J. BICHET, MAILLE, REDEUIL, COURDOUZIE, DUSSOL.

MAIRIE DE LA VILLE DE BORDEAUX.

Bordeaux, le 19 Janvier 1843.

A M. le Rédacteur de L'INDICATEUR.

MONSIEUR,

J'ai l'honneur de vous informer que j'ai réuni, ce jour, dans mon cabinet, à la mairie, la commission spéciale dont je vous ai annoncé la formation par ma lettre d'hier. Je vous transmets ci-joint la liste des membres qui la composent.

Je vous serai reconnaissant, M. le Rédacteur, de vouloir bien publier cette liste dans le plus prochain numéro de votre journal, en indiquant qu'une souscription est ouverte respectivement chez toutes les personnes mentionnées dans ladite liste, et qu'elles recévront tous les fonds qu'on voudra bien leur confier, pour être versés ensuite dans la caisse centrale tenue par l'honorable M. B. Dupuch.

Je vous envoie également une liste de souscription pour celles dont vous serez l'intermédiaire.

Une liste semblable sera déposée au secrétariat de la chambre de commerce, ainsi que dans les maisons de MM. les Présidens des Cercles du Commerce, de la Comédie, et de l'Union.

Il ne sera point fait de quête à domicile.

Je vous serai reconnaissant, M. le Rédacteur, des soins que vous voudrez bien vous donner pour concourir au bien que l'administration municipale et la commission qu'elle a formée, se proposent de faire aux indigens victimes de l'inondation.

Agréez, M. le Rédacteur, l'assurance de ma considération distinguée.

L.-M. Duffour-Dubergier.

Commission centrale des secours en faveur des inondés indigens de la ville de Bordeaux.

MM. l'Archevêque; le premier Président, rue des Palanques; le Préfet de la Gironde; le Maire de Bordeaux; vicomte Pelleport, allées de Chartres, 29; Maillères, rue Esprit-des-Lois, 35; Rabaud, rue des Allemandiers, 13; Lopès-Dubec, allées d'Orléans, 26; Troplong, rue de Cheverus, 25; Andrieu, receveur du bureau central de charité, rue de Ségur, Journu, cours de Tourny; baron Sarget, fossés de l'Intendance, 5; le Curé de Saint-Bruno; le Curé de Saint-Seurin; le Curé de Saint-André; le Curé de Saint-Paul; le Curé de Saint-Pierre; le Curé de Sainte-Eulalie; Silvestre

Delbos, quai des Chartrons, 16; Grangeneuve, notaire, rue des Trois-Conils; Samazeuilh, rue Porte-Dijeaux, 6; Gay, rue Renière, 12; David Johnston, pavé des Chartrons, 29; Féger Kerhuel, rue Fondaudége, 54; Martial, grand-vicaire, à l'archevêché; Barthélemy Dupuch, place Richelieu, 4; Maillard, président du consistoire protestant, rue Notre-Dame, aux Chartrons; Marx, grand-rabbin; Cavailhon, juge de paix (3e justice), cours Saint-André, 37; Magloire Castillon, quai de Bacalan, 14; Feytit, fossés des Tanneurs; Lafourcade, allées d'Amour, 56; Nègre, rue Saint-André, 6; de Trévey, cours d'Albret, 125; de Chataigné, rue Bouhaut, hôtel Béchade.

Parmi les nouvelles affligeantes qui nous arrivent de toutes parts sur les désastres occasionnés par l'inondation, nous en avons une bien triste à annoncer, et qui a produit une sensation bien douloureuse dans le département des Landes.

M. Adolphe Laraillet, maître de forges à Brocas, près de Mont-de-Marsan, voyant son usine menacée par la violence des eaux, ordonna à une vingtaine d'ouvriers de se porter sur le pont de la chaussée pour lever les écluses; il se mit à leur tête pour les encourager; mais, à peine arrivés sur le pont, un craquement se fit entendre, et tout disparut dans un gouffre. On a retiré dix-sept cadavres, parmi lesquels se trouve celui de M. A. Laraillet.

Cette mort tragique sera un coup bien triste pour M. Laraillet père, qui, après une vie active, et après avoir, par son industrie et son intelligence, rendu tant de services aux Grandes-Landes, se reposait sur ses deux fils pour continuer son œuvre.

Quinsac, le 18 janvier 1843.

A M. le Rédacteur de L'INDICATEUR.

MONSIEUR,

L'homme méritant, auteur d'une bonne action, trouve sa récompense dans sa conscience et au fond de son cœur. Le signaler à la considération publique, c'est courir le risque de blesser sa modestie; mais quoi qu'il puisse en coûter à celui que je viens vous dévoiler, je me hasarde, persuadé qu'il me pardonnera mon indiscrétion eu égard aux sentimens qui me la font commettre.

Les désastres par l'inondation de notre malheureux pays ne sont que trop connus, et vont encore courir bien loin attrister les âmes sensibles; qu'il me soit donc permis, si vous le jugez convenable, M. le Rédacteur, par la voie de votre estimable journal, de placer un peu de bien à côté d'un grand mal, en portant à la connaissance de tout le monde la noble conduite que tient depuis trois jours et trois nuits le brave Loüisot Faux, batelier de Port-Neuf, commune de Camblanes.

Depuis les premiers événemens, cet honnête père de famille s'est mis à la discrétion, avec ses bateaux et ses gens, de tous les malheureux qui avaient besoin de secours, et, dans les palus de Camblanes et de Quinsac, le nombre était considérable. Tout le monde avoue que depuis les sinistres, plus de quatre-vingts vieillards, femmes et enfans, impotens ou malades, ont été arrachés par lui à des habitations inondées, la plus grande partie sur son dos, étant dans l'eau jusqu'à la ceinture, du lit de douleur dans la barque de salut.

Je pourrais m'étendre beaucoup plus sur le compte de cet homme respectable, M. le Rédacteur, mais je craindrais d'abuser de votre complaisance, en surchargeant vos colonnes. Le fait que je signale n'est pas, comme j'ai eu l'avantage de vous le dire, pour flatter son auteur, mais pour rendre justice et honneur au mérite, et exciter par là, s'il le peut, le zèle et le dévoûment de ceux que la nature n'a pas doués de cette humanité désintéressée comme au brave Faux, que je viens vous faire connaître. Dieu veuille que je contribue à lui procurer des émules dans notre pays, car il en a bien besoin.

J'ai l'honneur d'être, etc. ROUSTAINC.

Castillon, le 19 janvier 1843.

A M. le Rédacteur de L'INDICATEUR.

MONSIEUR,

Ayant été privé depuis cinq à six jours de toute communication avec la ville de Bordeaux par le terrible fléau du débordement des eaux, qui nous jetait dans une consternation alarmante, je viens aujourd'hui, Monsieur, que tout reprend (grâce à la Providence) son cours et son service ordinaire, vous donner un aperçu de l'état des choses.

Le 13, jour de vendredi, la rivière de la Dordogne, qui baigne les quais de notre petite ville, élevés de 7 à 8 mètres, semblait vouloir s'en tenir (avec apparence de déclin) à la hauteur où l'avaient placée jusqu'alors l'abondance des pluies et la fonte des neiges du Haut-Pays, paraissant même ne devoir pas franchir un mètre et demi d'élévation qui restait encore desdits quais, avant de jeter l'épouvante.

Le lendemain, samedi, la rivière parut ne faire aucun progrès alarmant, mais la journée fut terrible en mauvais temps; parfois l'orage se faisait entendre, Eole semblait avoir donné une libre carrière aux plus fougueux de ses enfans. Vers dix à onze heures du soir, succéda à cette journée de tempête une pluie tellement forte, tellement abondante, que, de mémoire d'homme, on n'a vu grossir, et avec autant de rapidité, un petit ruisseau que nous appelons ruisseau de Larquey, passant au nord de quelques maisons de notre ville ; dans l'espace de quatre à cinq minutes, toutes les habitations contiguës à ce ruisseau furent submergées, et ce débordement inattendu d'un ruisseau d'aussi peu d'importance ne laisse pas d'avoir causé beaucoup de dégâts et beaucoup de pertes. Ravines, éboulemens de terrains, pertes de marchandises dans plusieurs magasins, renversement de plusieurs murs de clôture, tout cela fut le résultat de cette inondation subite, et ce torrent impétueux entraîna de leur étable plusieurs vaches laitières, appartenant à un propriétaire riverain, homme plein de courage, et qui, quoique doué d'une force athlétique, ne put parvenir à leur apporter aucun secours.

Le surlendemain, jour de dimanche, la foule se porta comme d'ordinaire sur la rivière, où l'on s'aperçut bientôt du progrès rapide qu'elle faisait ; dès lors, on ne doute plus qu'un déluge nouveau nous attendait du soir au lendemain, par suite des fortes marées que le plein de la lune occasionnerait. Malheureusement, cette prévision ne fut que trop vraie, car, vers l'entrée de la nuit, on entendit crier, sur la rive gauche de la Dordogne : *A l'eau! au secours!*

Le lundi, ce n'était plus un débordement ordinaire, c'était un océan passager, qui couvrait la surface de tous les quais; ce n'étaient plus des craintes vaines que l'on éprouvait, c'était un péril certain qui menaçait les habitans de la belle plaine qui nous sépare de Pujols. Aussi, il n'y eut plus à balancer : le maire, son conseil, ainsi qu'une partie des habitans notables, organisèrent spontanément des compagnies de sauvetage, pour apporter des vivres et donner du secours aux malheureux inondés de l'autre rive.

Dans moins d'une heure, 1,000 kilog. de pain furent rendus à la mairie et distribués à cette courageuse marine, qui ne s'est donné de repos pendant 24 heures, que lorsqu'elle a été assurée par elle-même que chaque submergé avait des vivres suffisans, se trouvait hors de danger, et que le bétail, qui aurait péri infailliblement, était en lieu de sûreté.

Dans cette circonstance difficile, plusieurs habitans ont rivalisé de zèle avec l'autorité civile et militaire ; mais qui pourrait peindre le dévoûment qu'a montré M. Videau, curé de cette paroisse ? Ce digne et respectable ecclésiastique s'est pour ainsi dire multiplié ; il se trouvait partout, encourageant par ses paroles et son exemple les plus indifférens. Les pertes générales et particulières que nous avons à déplorer sont considérables.

Dans l'attente de voir l'exposé de nos désastres figurer dans les colonnes de votre estimable journal, veuillez agréer, M. le Rédacteur, l'assurance de mes sentimens distingués.

Un de vos lecteurs, membre du conseil municipal.

Duras (Lot-et-Garonne), le 6 janvier.

La nuit de samedi, 14 du courant, et la journée du dimanche, 15, seront des époques néfastes à jamais mémorables pour les riverains du Drot.

Depuis le fameux débordement de 1765, qui causa dans la France entière tant de désastres, on ne se rappelle pas, à Duras, avoir vu les eaux à une élévation aussi considérable, puisqu'elles dépassaient de 57 centim. le plus haut chiffre connu.

Vers quatre heures du matin, des cris répétés de détresse se faisaient entendre : ils étaient poussés par les malheureux habitans de la plaine, qui, réfugiés dans les étages supérieurs ou sur les toits des maisons, imploraient le secours de leurs frères. Cet appel fut entendu, et bientôt des gens dévoués et courageux, n'écoutant que le cri de l'humanité, se précipitèrent en foule au milieu des eaux croissant de minute en minute, pour sauver les personnes et les bestiaux d'une mort imminente.

Le brigadier de gendarmerie Gérard, noblement secondé par les militaires de sa brigade, fut un des premiers à accourir sur les lieux du sinistre. Trois fois il s'élança à cheval au milieu des eaux, pour ramener sains et saufs les habitants d'une maison voisine de la rivière, et qui était envahie de toutes parts; sur d'autres lieux menacés, on voyait des batelets parcourir en tous sens la plaine convertie en un lac immense, que la violence du vent agitait comme la mer, et recueillir à grand'peine les malheureux inondés.

Grâces à la promptitude des secours, nous n'avons eu à déplorer ici la mort de personne.

Honneur donc à ces hommes courageux et humains qui n'ont pas craint de s'exposer à des périls certains pour sauver la vie de leurs frères. La reconnaissance de tous leur est acquise.

De tels actes de dévoûment ne sauraient être trop connus; et, par le temps d'égoïsme qui court, on est heureux de pouvoir enregistrer un fait qui honore à ce point ses auteurs.

Toute la population de Duras s'est empressée de faire une collecte en faveur des nommés Langely (François), Pastureau, Delage jeune, et Chignon, tous pauvres gens nécessiteux, qui, en exposant leurs jours, compromettaient l'existence de leurs familles, dont ils sont les seuls soutiens.

Quant au brigadier Gérard et aux gendarmes Davansan, Soulandre, Dupuy, et Sinot, ce dernier décoré déjà d'une médaille d'honneur pour sa belle conduite lors d'un incendie survenu à Tonneins, on ne peut que se borner à citer leurs noms, afin que leurs chefs puissent donner à ces braves et dignes militaires la récompense que mérite leur bonne et courageuse action.

— *P. S.* Au moment de terminer cette lettre, on apprend que le Drot charrie des meubles, des débris de moulins et les cadavres de deux chevaux sellés et bridés; ce qui fait croire à des malheurs trop certains dans la partie supérieure de la rivière, depuis Eymet jusqu'à Duras.

DÉPARTEMENT DE LA DORDOGNE.

On nous écrit de Bergerac, sous la date du 17 courant :

« Les pluies continuelles dont nous sommes affligés depuis quinze jours ont amené des désastres immenses : tous les ruisseaux qui bordent notre ville se sont répandus dans la plaine, qui n'est plus qu'un vaste étang ; la plupart de nos jardins ont un mètre d'eau dans toute leur superficie, et on n'aperçoit que la tête des arbres à demi renversés par le vent.

« Dans le faubourg qui avoisine l'abattoir et la poudrière, quelques habitans, surpris par la crue d'un embranchement du *Candot*, ont été contraints de déménager par les toits ; le pont du Saintongeais, jeté sur le bras principal du *Candot*, a été emporté ; la forge a momentanément disparu sous le torrent ; les meuniers du moulin de Pombonne ont eu toutes les peines du monde à sauver leurs chevaux qui se noyaient dans leurs écuries ; enfin, on a douté quelques instans si le Pont-Roux existait encore.

« Mais le spectacle le plus effrayant est, sans contredit, celui que nous offre la Dordogne depuis trois ou quatre jours. On voit passer à chaque instant des bateaux brisés, des faix de merrains, des arbres, des paillers, des débris de charpentes, des bois de lit, et jusqu'à des bœufs et des cochons. Toute notre ville est en émoi : la population tout entière se porte sur le pont pour être témoin de ce déplorable tableau ; on s'attend à chaque instant à voir passer des cadavres humains.

« Au milieu de l'anxiété générale, de hardis mariniers, poussés par la soif du gain, se hasardent dans de petites barques, jusqu'au milieu du fleuve, afin de saisir à la volée quelques-uns des malheureux débris que la rapidité du courant permet à peine de distinguer.

« Hier, 16 janvier, la rivière avait atteint sa plus grande hauteur : elle pénétrait dans toute la partie basse de la ville ; on voyageait en bateau dans cinq ou six rues ; les habitans se hâtaient d'évacuer leurs demeures et allaient demander l'hospitalité à leurs voisins, qui, bientôt, étaient forcés de déménager à leur tour. On n'apercevait plus le pont : le nouveau quai lui-même était aux trois quarts couvert. La terrasse de M. Roland, qui, d'ordinaire, a une hauteur de 10 mètres environ au-dessus des eaux, était visitée par la Dordogne ; le propriétaire faisait murer les portes et les fenêtres pour défendre l'accès de sa maison à un hôte si incommode. L'ancienne *Miséricorde* était inondée et la rivière atteignait presque les dortoirs du *Couvent Bleu.* Les sœurs étaient sur le point de lui abandonner la place, lorsqu'enfin la rivière s'est décidée à se retirer : il était trois heures après midi. Depuis 1783, année où l'ancien pont fut emporté, on n'avait vu une inondation pareille ; mais la décroissance a été rapide, et nous pensions qu'avec elle nos malheurs allaient cesser.

« Ce matin, à neuf heures, il y avait 3 mètres d'eau de moins, les rues de la ville étaient débarrassées ; cependant on s'apercevait que le nouveau quai, qui a une élévation moyenne de 10 mètres au-dessus du niveau habituel, avait fléchi : le mur penchait vers la rivière et le terrain était fendu dans toute sa longueur : on était loin néanmoins de prévoir un accident prochain, quand tout à coup, vers dix heures, un craquement s'est fait entendre : sur une longueur de plus de 20 mètres, le mur s'est précipité en un seul bloc dans le fleuve et a disparu sous les eaux bourbeuses ; le terrain du quai a bientôt suivi ; les jardins des maisons qui bordent le quai se sont également enfoncés, et on a les plus vives inquiétudes pour la solidité des maisons elles-mêmes. A ce bruit, la foule est accourue plus nombreuse que de coutume : le pont était encombré ; chacun voulait contempler cette immense brèche, et la destruction presque totale d'un ouvrage achevé depuis un an à peine, et qui coûte à notre ville des sommes considérables et qu'elle ne pourra retrouver.

« La Providence a permis que personne ne fût entraîné dans la chute : le craquement avait averti les curieux, qui avaient eu le temps de fuir. Nos autorités se sont aussitôt transportées sur les lieux ; afin de prévenir de nouveaux malheurs, M. le Procureur du roi et un de MM. les Adjoints au maire ont ordonné l'évacuation du pont et de la partie du quai qui est restée debout.

« La charité publique aura sans doute à soulager de grandes infortunes. M. le Curé de Bergerac a pris, comme toujours, l'initiative ; le bureau de charité le seconde noblement et fait des quêtes à domicile. Mais le mal n'a pas été pour nous seuls: de tous les points de l'arrondissement des nouvelles de sinistres nous parviennent.

« A Eymet, le pont du Drop a été détruit ; à Moulcydier et à Couze, des moulins ont été anéantis ; à Saint-Caprais, la Dordogne est montée jusqu'à la hauteur du canal latéral, a pénétré par une brèche que le poids des eaux du canal avait faite il y a quelques jours, et a, par ce moyen, réuni les deux lits en un seul.

« On nous apprend que le bourg de Mauzac nageait hier au milieu des eaux ; à Creysse, un meunier attendait sur les toits de son moulin que quelqu'un voulût hasarder son existence pour le sauver. On ne parle que de routes coupées, de ponts emportés, de terres ravagées, de familles réduites à la misère... et nous ne savons pas tout !...

« Encore, si nous étions les seuls !... un malheur particulier n'altère pas la prospérité nationale !... mais nous allons trembler en ouvrant les feuilles publiques des autres départemens. Ne nous retraceront-elles pas l'effrayant tableau qui s'est déroulé sous nos yeux, et ne nous faudra-t-il pas gémir sur des malheurs dont nous comprendrons toute l'étendue ? »

— On lit dans l'*Echo de Vésone* (Périgueux), le 17 janvier :

« Avant-hier, 15, notre ville a été envahie par une inondation comme on n'en avait pas vu depuis 1783.

« Le faubourg des Barris était dans l'eau jusqu'aux premiers étages ; le quartier rue Neuve était complètement envahi ; la route d'Excideuil et celle de Lyon étaient coupées aux abords de la ville, la première à l'Arceau, la seconde à l'extrémité des allées du Pont-Neuf.

« Dès le matin on s'est occupé d'organiser les moyens de porter des secours aux quartiers envahis. Des bateaux, des chevaux, et des traîneaux, pour les conduire à différens embarcadères improvisés, ont été mis en réquisition, et chacun s'est empressé de concourir au sauvetage. M. Merlhes aîné, commissionnaire de roulage, a mis tous ses chargeurs, ses voitures et ses bateaux, à la disposition de l'administration. Le commissaire de police et ses agens se sont multipliés pour assurer le service.

« MM. Cruvelher, architecte de la ville, Raymond dit Pinque, Perrot, charpentier, Lacroix et Barbanceix, gendarmes, Rochette, marin du port, et divers autres dont les noms nous seront connus plus tard, se sont embarqués dans de frêles bateaux et se sont rendus au faubourg des Barris. Là, ils ont arraché les habitans au danger, à la peur, et à la famine.

« D'un autre côté, M. le capitaine Humbert-Droz, commandant la gendarmerie, et M. Trémisot, 2e adjoint, se sont rendus à cheval dans ce malheureux quartier. M. Huet, lieutenant de gandarmerie, et plusieurs gendarmes, également à cheval, les y ont suivis.

« Ils ont emporté les uns en croupe sur leurs chevaux, et aux autres, qui étaient plus aguerris et qui voulaient rester dans leurs maisons ils ont donné des consolations et fait la promesse de ne les point abandonner, et de revenir si le danger devenait plus grand.

« Lorsque ce quartier a été évacué par une partie des habitans, et que les autres ont eu leur moral relevé, MM. Humbert, de Trémisot, Cruvelher, et leurs dignes aides, se sont occupés du quartier de la rue Neuve. Un bateau a été transporté à bras d'hommes et sur les épaules de l'extrémité de la chaussée du Pont-Neuf dans l'intérieur de la ville. Il est difficile d'exprimer avec quel empressement, quel zèle la classe ouvrière s'est prêtée à tout ce qu'on a demandé d'elle dans cette pénible circonstance.

« Plusieurs femmes qui criaient et se croyaient perdues ont été ainsi enlevées de leur domicile et conduites à terre. Mais dans l'un de ces sauvetages, et au moment où on allait faire descendre une vieille femme de sa chambre par la fenêtre, le poids de celui qui se hissait pour la saisir a fait pencher le bateau, qui a chaviré. M. Humbert s'est accroché à un contrevent au moment où il avait de l'eau jusqu'à la ceinture, et a gagné un pan de mur, sur lequel il est resté jusqu'à ce qu'on ait pu venir le chercher. Il a fallu une heure et demie pour se procurer un autre bateau : le gendarme et le marin qui étaient avec lui se sont sauvés à la nage.

« Nous ne saurions donner trop d'éloges à M. Humbert-Droz pour le courage, la résolution et le sang-froid dont il a fait preuve dans cette circonstance.

« A l'Ecole normale, qui était au milieu de deux torrens, les élèves faisaient de toutes les fenêtres des signes de détresse.

« Plusieurs embarcations ont été dirigées vers cet établissement de plusieurs point des Barris et de la chaussée du Pont-Neuf, mais il a été impossible d'y arriver.

« L'une d'elles, une petite chaloupe, montée par le sieur Boisset et par trois espagnols, avait voulu se laisser dériver sur l'Ecole, en prenant de fort loin leur point de départ ; mais emportée par le courant, elle a été jetée vers le Pont-Vieux, a passé sous l'arche de ce pont et a sauté l'écluse. Le sieur Boisset, ayant perdu l'équilibre, était tombé à l'eau, mais saisi vigoureusement par le nommé Gaspard, espagnol, qui seul était resté avec lui, les deux autres s'étant jetés sur un mur avant le passage du pont, il a été soutenu longtemps à fleur d'eau, puis dans un moment favorable la même main l'a enlevé et remis sur le bateau.

« Pendant ce temps la barque était emportée avec une vitesse que l'œil avait peine à suivre vers le Pont-Neuf. Il y avait bien à craindre qu'elle ne vînt se briser contre l'une des piles ; mais les deux hommes intrépides qui la conduisaient furent assez maîtres de leur gouvernail pour éviter l'écueil, et ils ont passé sous le pont avec la rapidité d'une flèche. Ils ont vainement tenté de gagner le jardin de M. Delille, la force du courant les en a empêchés. Après avoir franchi l'écluse du moulin de Sainte-Claire, ils ont été portés jusqu'au-dessous d'Ecorne-Bœuf, où ils ont été arrêtés par un arbre et ont pu prendre terre.

« Un frère du nommé Raymond Pinque faisait preuve du plus grand zèle, du plus héroïque dévoûment, dans la plaine de la Cité. Il faisait pour ce quartier ce que l'aîné réalisait avec tant d'abnégation dans le faubourg des Barris.

« Les murs des jardins et prés environnant la rivière, plusieurs petites maisons et parties de construction ont été renversés.

« La tannerie de MM. Joubert et Moreau, celles de MM. Villerégnier et Fontenille ont fait des pertes considérables. La fabrique de faïence de MM. Latour a aussi éprouvé de graves avaries.

« La rivière charriait incessamment des cuves, des barriques, des planches, des charrettes, des bois de construction, et tout ce qu'elle rencontrait sur son passage.

« MM. Mathet, secrétaire-général, faisant les fonctions de préfet, et Aumassip, pemier adjoint, se sont présentés partout où leur présence était nécessaire.

« Le Pont-Vieux, qui n'est pas très-solide, était gardé par un piquet qui en interdisait le passage.

» C'était un affreux spectacle auquel assistait l'entière population de notre ville, qui garnissait le Pont-Neuf, les routes environnantes, et la terrasse de Tourny.

« A cinq heures, les eaux ont commencé à se retirer. A dix heures, elles avaient baissé de 63 centimètres.

« A onze heures, MM. de Trémisot et Humbert, capitaine de gendarmerie, accompagnés de leurs gendarmes, ont parcouru, soit à cheval, soit en bateau, les deux quartiers qu'ils n'avaient pas quitté pendant le jour. Ils ont reçu partout des remercîments et des bénédictions.

« Les noms des sauveteurs qui méritent d'être cités avec le plus d'éloges, sont ceux des frères Pinque, du charpentier Perrot, du marin Rochette, des nommés Blondin, Blaizat, Laquierre, et de l'agent de police Benoît Grahet. Il est difficile de montrer plus de courage, de résolution, d'activité, de dévoûment qu'ils n'en ont déployé dans cette malheureuse circonstance.

« On nous assure que le nommé Raymond Pinque l'aîné, qui a sauvé plus de quarante personnes, va être l'objet d'un rapport spécial au ministre. On sait que cet intrépide pêcheur a déjà reçu un grand nombre de médailles de sauvetage.

« — C'est vraiment un spectacle bien affligeant que de parcou ir en ce moment tous les lieux du désastre. On ne rencontre, dans la partie de la ville qui borde l'une et l'autre rive de l'Illе, que murs renversés, qu'arbres arrachés, que débris de toute espèce.

« Les rez-de-chaussées sont encore remplis d'eau, et c'est avec dès seaux et des paniers qu'on les met à sec. Les métiers, les meubles, les lits, les marchandises sont dans un état affreux de dégradation.

« La perte occasionnée par ce sinistre est incalculable.

« — M. l'évêque de Périgueux a logé dans son palais les inondés sans asile. Il a fait distribuer du pain à ceux qui en ont réclamé.

« M. le Maire et M. le Curé de Périgueux ont aussi, de leur côté, fait d'abondantes distributions de pain. »

— On lit dans le *journal de Lot-et-Garonne*, 17 janvier :

» Les eaux baignent en ce moment la coupe des arbres du Gravier, et elles ont pénétré dans les parties basses de la ville, qu'elles cernent de tous côtés, la Porte-du-Pin excepté; toutes relations sont interrompues avec les départemens de Tarn-et-Garonne, du Gers, et de la Gironde; on nous annonce à chaque instant des sinistres qui ne sont malheureusement que trop vraisemblables, mais dont rien n'atteste cependant la certitude.

« Voici néanmoins quelques détails officiels :

« La chaussée de la route royale de Paris, attenant au pont de Soubiroux, sur la Lède, entre Villeneuve et Gancon, a été emportée sur une longueur de près de 40 mètres; c'est là que le courrier de Paris, s'arrête forcément et qu'il remet les dépêches à une voiture particulière qui fait momentanément le service de Soubiroux à Agen.

« Le pont de Libos sur la Lemance et celui de la Sauvetat sur le Drot ont été emportés par les eaux de ces deux rivières.

« Les deux ponts du moulin de Lafox sur la route royale d'Agen à Toulouse sont en partie détruits par les eaux de Seonne et des ruisseaux aboutissans.

« Le courrier de Pau est arrêté à Layrac par les eaux réunies du Gers et de la Garonne.

« A Agen, les fondemens de la Passerelle, minés sur les deux rives de la Garonne, menacent ce pont élégant d'une seconde catastrophe. Les guérites du gardien ont été mutilées et entraînées par les eaux. On redoute un accident de cette nature pour les bains Taillandier, retenus par des amarres au pied de la Passerelle, et qui flottent abandonnés à toute la violence des courans.

« D'immenses provisions de bois à brûler et de bois de construction que l'on avait imprudemment laissés sur les bords du fleuve ont été emportées.

« Les désastres sont également considérables au chantier du Pont-Canal ; un cintre a totalement disparu, ainsi que plusieurs bateaux attachés au service de cet immense atelier.

« Il est impossible de signaler l'étendue des pertes que cette funeste inondation va occasionner ; toutefois nous devons dire ici que l'autorité ne néglige rien pour prévenir les malheurs qu'entaînent les calamités de cette nature ; par les soins de M. le Maire, des bateaux parcourent incessamment les quartiers inondés, pour en retirer les personnes qui s'y trouvent en danger, ou pour leur donner tous les secours et les provisions qu'elles réclament.

— On écrit d'Angers :

« Le temps continue à être déplorable et se partage entre les coups de vent et les averses.

« Toutes nos rivières ont éprouvé une crue considérable. Les basses rues d'Angers sont complètement remplies d'eau ; et cette circonstance est à mentionner, qu'elles ont été inondées en moins de douze heures, d'hier soir à ce matin samedi.

« La Loire grossit de son côté avec une rapidité effrayante. Ce matin la hauteur de l'eau était à 4 mètres 50 centimètres à l'étiage des Ponts-de-Cé. Le quartier Saint-Maurille était complètement inondé. Depuis ce moment la Loire n'a cessé de monter encore, et à l'heure où nous écrivons, elle a atteint la hauteur extraordinaire de la grande crue de 1823.

« On a des inquiétudes et des craintes sérieuses sur toute l'étendue de la levée. Aujourd'hui même il y a eu panique au marché d'Angers ; le bruit s'est répandu que la Loire avait rompu ses digues à Daguenière. Ce bruit était sans fondement, mais la plus extrême surveillance est à exercer afin de prévenir les malheurs qu'on redoute. »

— On nous écrit de Dax (Landes), le 19 janvier :

La crue des eaux a fait des progrès effrayans. Elle n'a peut-être jamais été aussi forte. On ne peut encore apprécier les ravages que l'Adour laisse sur son passage ; on n'entend plus parler que de maisons renversées, de familles écrasées. Plus de 300 sont sans asile, sans pain ! On a fait des quêtes ; on nourrit par ce moyen tous ces malheureux. Le faubourg de Saxar est presque tout inhabité ; la chaussée de Saint-Paul est presque entièrement couverte jusqu'au Despouy. Les maisons qui bordent la route souffrent beaucoup. Le quai, le quartier de Bibi, sont submergés jusqu'à la porte Saint-Vincent ; le Bain est inondé jusqu'à la porte Poyanne. L'eau s'élève jusqu'au tablier du pont qui tient bon encore, mais il donne bien des craintes ; il est défendu de le traverser à tous ceux qui n'ont pas de véritables affaires au Sablar. Cependant, aujourd'hui, l'eau a cessé de croître ; elle est stationnaire. Quand elle se sera retirée, on apprendra de nombreux et grands détails. Voilà l'aspect triste que présente notre malheureux pays.

L'église de Tartas est en partie emportée. La forge de Soutins s'est écroulée, et 14 personnes ont péri.

Les obsèques du capitaine Julian ont eu lieu le 22 janvier, à une heure de l'après-midi.

Environ 700 personnes ont accompagné le convoi; depuis longtemps l'on n'avait vu à Bordeaux un semblable cortége. Toutes les notabilités du commerce, des juges civils et consulaires, plusieurs membres du conseil municipal, des adjoints au maire, le corps des capitaines de la place, une députation de marins, et les loges maçoniques, assistaient à cette cérémonie, pendant laquelle le plus grand ordre a constamment régné.

Plusieurs discours ont été prononcés. L'on cite surtout celui de M. Smith et celui de M. E. Gallès.

Nous croyons être agréable à nos lecteurs en leur donnant le discours éloquent et remarquable de M. Gallès, inséré dans l'*Indicateur* du 24 janvier.

« Messieurs,

« A l'aspect de ce nombre considérable d'hommes de tout âge, de tous rangs, et de toutes croyances religieuses, réunis pour accompagner un cercueil; à la vue de cette douleur publique, qui nous est apparue depuis la cité jusqu'à ce cimetière, dernier séjour humain, il est facile de reconnaître qu'un grand malheur vient de frapper notre ville.

« En effet, Messieurs, la mort de celui que nous pleurons ici est une perte que l'on peut appeler *malheur public;* car, en outre qu'une famille respectable est privée d'un de ses membres essentiels, la société perd un homme de bien, le commerce de Bordeaux un de ses agens honorables, et la marine un de ses plus jeunes, un de ses plus intrépides officiers....

« Qu'il soit permis à un de ses condisciples de laisser tomber à la fois quelques larmes et quelques paroles de douleur sur la tombe qui va se fermer pour jamais sur cet ami.

« A cette affreuse nouvelle répandue dans le monde commercial : « Le capitaine Julian est mort noyé, par accident, dans les eaux « de la rivière de Bordeaux! » un cri d'étonnemement s'est confondu avec un cri de douleur.... Nous voulions douter.... oh! oui, nous voulions douter encore; car, par un effet heureux de notre organisation physique, par une volonté toute providentielle, le cœur se plaît toujours à repousser les émotions trop fortes qui peuvent le déchirer ou léser ses fragiles parois.... Mais, hélas! bientôt la triste réalité s'est présentée avec son appareil lugubre, et il a fallu se courber devant ce décret de la fatalité; il a fallu pleurer sur un fait désormais accompli!

« *Jules Julian*, qui meurt, Messieurs, presqu'au commencement de sa carrière, était un de ces hommes d'action, une de ces natures fortement trempées qui ne peuvent supporter l'idée de vivre dans la nullité. — Issu d'une famille honorable de Bordeaux, il fit, dès son jeune âge, des études laborieuses en mathématiques et en astronomie. — Il partit à quinze ans *pilotin*, à bord d'un navire du commerce de cette ville. — Après son noviciat, il fit son service d'état à bord de la frégate la *Vestale*.

« En 1833, il fut présenté à la candidature du grand cours, et cette même année, c'est-à-dire ayant à peine atteint vingt-huit ans, il reçut du ministère de la marine sa commission de capitaine.

« Ce rapide avancement, le succès immense qui le couronna dans ses examens de *théorie* et de *pratique*, alors que tant de ses collègues avaient vu échouer leurs espérances, dans cette année 1833, si difficile en admissions, n'étonnèrent nullement ses amis, qui connaissaient et sa grande aptitude au travail *mécanique* comme au travail *intellectuel*, et *cette soif d'arriver à se faire un nom*, qui dévorait incessamment son imagination méridionale.

« En 1838, étant à bord du *Courrier-de-la-Vera-Cruz*, en qualité de premier officier, le capitaine mourut en route, et Julian prit le commandement de ce navire. — Par une fatalité qui semblait attachée à ce voyage, il fit naufrage sur les côtes de la Floride, perdit tout son avoir; mais, cette fois du moins, son habileté comme nageur lui sauva la vie, qu'il lui fallut de nouveau disputer avec des peuplades encore à moitié sauvages, qui voulaient massacrer capitaine, équipage, et passagers. — Julian sauva tout par son sang-froid, en s'adressant à un des chefs de bande, presque civilisé, et en lui disant ces mots :

« Nous sommes des Français!.... Malheur à vous si vous portez une main homicide sur nous! »

« Ces paroles, prononcées avec l'accent énergique que vous lui connaissiez, enlevèrent dix-huit hommes à une mort imminente.

« Depuis 1838 jusqu'en 1842, il commanda avec honneur les navires de plusieurs armateurs de Bordeaux. — Il se fit aimer, estimer à la Martinique, au Sénégal, à la Havane, à Montevideo, à Buenos-Ayres, etc. Et nous pouvons dire ici que la nouvelle de sa mort sera un jour de deuil pour les contrées qu'il visita au-delà des tropiques. — Nous pouvons prédire ici que sa mémoire, orgueilleusement conservée dans ces parties du Nouveau-Monde, y restera aussi bien gravée qu'elle sera respectée et chérie dans Bordeaux, sa ville natale.

« Echappé déjà une fois, presque miraculeusement, à un naufrage horrible, fallait-il, hélas! qu'il vînt finir ses jours, comme le disent si naïvement ses propres matelots, *devant la porte de sa maison!*... Fallait-il, bon Dieu! que *l'intrépidité*, cette qualité si éminente, si nécessaire chez le marin, fût la cause de sa perte si prématurée? et celui-là que les vagues souvent si fougueuses de l'Océan avaient tant de fois respecté, devait-il donc trouver la mort dans les flots de la rive voisine de son toit paternel?.....

« Ah! combien je comprends vos poignantes angoisses; combien je sens l'amertume de vos larmes, *épouse brisée*, et vous, *sœur inconsolable*. — Oui, sans doute, si les sympathies publiques pouvaient être, ici bas, un adoucissement pour vos cœurs saturés de douleur, cette consolation pourrait vous être donnée quand l'on vous dira que l'élite de toutes les communions a accompagné vers la couche éternelle votre époux, votre frère regretté. — Et si ces nombreuses marques d'estime ne portaient pas en elles quelques parcelles d'un certain baume dans le calice que la destinée vous présente aujourd'hui, je vous dirais :

« Oh! pleurez!... oui, pleurez, chastes femmes;.... quittez vos
« blanches parures et couvrez vos visages d'un long voile lugubre;
« mais souvenez-vous que Chateaubriand, ce génie du siècle con-
« temporain, a dit que :

« Les larmes de ceux qui sont malheureux dans cette vallée d'exil
« ne sont jamais perdues, car la religion les reçoit dans son urne
« sacrée pour en faire une offrande à l'éternel! »

« Souvenez-vous quelquefois de cette pensée aussi religieuse que philosophique : elle adoucira dans la solitude et le silence de vos demeures en deuil, l'intensité de vos douleurs.

« Adieu, ami sûr et dévoué!.... Adieu, homme de cœur,.... tu me disais naguère, ainsi qu'à ton parent le plus cher, ce brave officier de l'Empire qui pleure ici avec nous : Si jamais la France était menacée, avant qu'elle n'eût sorti l'épée du fourreau, vous me verriez voler à mon poste, et une voix intérieure semble me dire que vous me verriez aussi revenir en commandant une frégate, ou tout au moins avec le ruban de la Légion-d'Honneur.

« O fragilité des choses humaines! quel enseignement pour les pauvres vaniteux de ce monde..... Hélas! quand tu parlais ainsi, déjà les portes de la vie *bronchaient* pour se fermer sur toi.... Et ta parole avait à peine traversé l'espace que ton âme devait, pour ainsi dire, s'envoler avec elle vers l'éternité!...

« Oui, sans doute, ta jeune intelligence pouvait être, un jour, utile à ton pays, et c'eût été avec le courage que nous te connaissions, que tu aurais dépensé ton sang, ta vie pour ta patrie, en commandant, non point alors un bâtiment marchand, mais bien en dirigeant les redoutable batteries d'un vaisseau de l'état, sur lequel il eût été pour toi noble et beau de mourir!...

« Mais, encore une fois, Dieu ne l'a pas voulu ainsi : courbons-nous respectueusement devant son éternelle omnipotence. — N'allons pas oser vouloir murmurer contre les décrets de la sagesse infinie; n'allons pas nous permettre de chercher à soulever et pénétrer les secrets de l'impénétrable Providence... Sachons imposer silence à de trop vives exclamations; sachons refouler dans nos poitrines les sanglots étouffés qui veulent s'en échapper; car ce que Dieu fait, Messieurs, ne peut, ne doit être *que bien*..... Inclinons nos fronts résignés devant un arrêt rendu par le grand juge des juges. — Prosternons-nous avec une foi religieuse, et ayons le courage de dire avec la Sainte-Ecriture :

« Si le Tout-Puissant sort la joie de nos âmes pour y placer la
« douleur : s'il nous frappe dans nos plus proches, dans nos plus
« chères affections, gloire et louanges au Tout-Puissant!....

« Adieu, Julian, adieu !! »

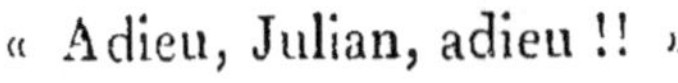

www.ingramcontent.com/pod-product-compliance
Lightning Source LLC
LaVergne TN
LVHW010042230826
846091LV00005B/1823

* 9 7 8 2 0 1 3 7 2 9 2 6 0 *